TRANZLATY

Language is for everyone

Jezik je za sve

Aladdin and the Wonderful Lamp

Aladin i čudesna svjetiljka

Antoine Galland

English / Hrvatski

Copyright © 2025 Tranzlaty
All rights reserved
Published by Tranzlaty
ISBN: 978-1-83566-916-7
Original text by Antoine Galland
From ''*Les mille et une nuits*''
First published in French in 1704
Taken from The Blue Fairy Book
Collected and translated by Andrew Lang
www.tranzlaty.com

Once upon a time there lived a poor tailor
Živio jednom jedan siromašan krojač
this poor tailor had a son called Aladdin
ovaj siromašni krojač imao je sina Aladina
Aladdin was a careless, idle boy who did nothing
Aladin je bio nemaran, besposlen dječak koji nije radio ništa
although, he did like to play ball all day long
iako se volio igrati loptom po cijele dane
this he did in the streets with other little idle boys
to je radio na ulicama s drugim besposlenim dječacima
This so grieved the father that he died
To je oca toliko ožalostilo da je umro
his mother cried and prayed, but nothing helped
majka je plakala i molila, ali ništa nije pomoglo
despite her pleading, Aladdin did not mend his ways
unatoč njezinom preklinjanju, Aladdin se nije popravio
One day, Aladdin was playing in the streets, as usual
Jednog dana, Aladin je svirao na ulici, kao i obično
a stranger asked him his age
stranac ga je upitao njegovih godina
and he asked him, "are you not the son of Mustapha the tailor?"
a on ga upita: "nisi li ti sin Mustafe krojača?"
"I am the son of Mustapha, sir," replied Aladdin
"Ja sam Mustafin sin, gospodine", odgovori Aladin
"but he died a long time ago"
"ali on je davno umro"
the stranger was a famous African magician
stranac je bio poznati afrički mađioničar
and he fell on his neck and kissed him
a on mu padne za vrat i poljubi ga
"I am your uncle," said the magician
"Ja sam tvoj ujak", rekao je čarobnjak
"I knew you from your likeness to my brother"
"Poznavao sam te po sličnosti s mojim bratom"
"Go to your mother and tell her I am coming"
"Idi svojoj majci i reci joj da dolazim"

Aladdin ran home and told his mother of his newly found uncle
Aladin je otrčao kući i rekao majci za svog novopronađenog ujaka
"Indeed, child," she said, "your father had a brother"
"Zaista, dijete", rekla je, "tvoj otac je imao brata"
"but I always thought he was dead"
"ali uvijek sam mislio da je mrtav"
However, she prepared supper for the visitor
Međutim, pripremila je večeru za posjetitelja
and she bade Aladdin to seek his uncle
a ona je naredila Aladinu da potraži svog strica
Aladdin's uncle came laden with wine and fruit
Aladinov ujak došao je natovaren vinom i voćem
He fell down and kissed the place where Mustapha used to sit
Pao je i poljubio mjesto gdje je sjedio Mustapha
and he bid Aladdin's mother not to be surprised
i naredio je Aladinovoj majci da se ne iznenadi
he explained he had been out of the country for forty years
objasnio je da je bio izvan zemlje četrdeset godina
He then turned to Aladdin and asked him his trade
Zatim se okrenuo Aladinu i upitao ga kakav je zanat
but the boy hung his head in shame
ali dječak je posramljeno spustio glavu
and his mother burst into tears
a njegova majka briznula je u plač
so Aladdin's uncle offered to provide food
pa se Aladinov ujak ponudio da osigura hranu
The next day he bought Aladdin a fine set of clothes
Sutradan je Aladinu kupio finu odjeću
and he took him all over the city
i vodio ga je po cijelom gradu
he showed him the sights of the city
pokazao mu je znamenitosti grada
at nightfall he brought him home to his mother
u noć ga dovede kući njegovoj majci

his mother was overjoyed to see her son so well dressed
njegova je majka bila presretna vidjevši svog sina tako lijepo odjevenog
The next day the magician led Aladdin into some beautiful gardens
Sljedećeg dana mađioničar je odveo Aladina u neke prekrasne vrtove
this was a long way outside the city gates
ovo je bio dug put izvan gradskih vrata
They sat down by a fountain
Sjeli su kraj fontane
and the magician pulled a cake from his girdle
a mađioničar je iz pojasa izvukao kolač
he divided the cake between the two of them
podijelio je kolač između njih dvojice
Then they journeyed onward till they almost reached the mountains
Zatim su putovali dalje sve dok nisu skoro stigli do planina
Aladdin was so tired that he begged to go back
Aladin je bio toliko umoran da je molio da se vrati
but the magician beguiled him with pleasant stories
ali ga je čarobnjak namamio ugodnim pričama
and he led him on in spite of his laziness
a on ga je vodio dalje unatoč njegovoj lijenosti
At last they came to two mountains
Napokon su došli do dvije planine
the two mountains were divided by a narrow valley
dvije planine dijelila je uska dolina
"We will go no farther," said the false uncle
"Nećemo ići dalje", rekao je lažni ujak
"I will show you something wonderful"
"Pokazat ću ti nešto prekrasno"
"gather up sticks, while I kindle a fire"
"skupljaj štapove, dok ja zapalim vatru"
When the fire was lit the magician threw a powder on it
Kada je vatra upaljena, mađioničar je bacio prah na nju
and he said some magical words

i rekao je neke čarobne riječi
The earth trembled a little and opened in front of them
Zemlja je malo zadrhtala i otvorila se pred njima
a square flat stone revealed itself
otkrio se četvrtasti plosnati kamen
and in the middle of the stone was a brass ring
a u sredini kamena bio je mjedeni prsten
Aladdin tried to run away
Aladin je pokušao pobjeći
but the magician caught him
ali ga je čarobnjak uhvatio
and gave him a blow that knocked him down
i zadao mu udarac koji ga je srušio
"What have I done, uncle?" he said, piteously
"Što sam učinio, ujače?" rekao je sažaljivo
the magician said more kindly, "Fear nothing, but obey me"
mađioničar je rekao ljubaznije, "Ne boj se ničega, ali poslušaj me"
"Beneath this stone lies a treasure which is to be yours"
"Ispod ovog kamena leži blago koje će biti tvoje"
"and no one else may touch this treasure"
"i nitko drugi ne smije dirati ovo blago"
"so you must do exactly as I tell you"
"pa moraš učiniti točno kako ti kažem"
At the mention of treasure Aladdin forgot his fears
Na spomen blaga Aladin je zaboravio svoje strahove
he grasped the ring as he was told
uhvatio je prsten kako mu je rečeno
and he said the names of his father and grandfather
i rekao je imena svoga oca i djeda
The stone came up quite easily
Kamen je izišao prilično lako
and some steps appeared in front of them
a pred njima su se ukazale neke stepenice
"Go down," said the magician
"Siđi dolje", reče mađioničar
"at the foot of those steps you will find an open door"

"u podnožju tih stepenica naći ćeš otvorena vrata"
"the door leads into three large halls"
"vrata vode u tri velike dvorane"
"Tuck up your gown and go through the halls"
"Zagrni haljinu i idi hodnicima"
"make sure not to touch anything"
"pazi da ništa ne diraš"
"if you touch anything, you will instantly die"
"Ako nešto dotakneš, odmah ćeš umrijeti"
"These halls lead into a garden of fine fruit trees"
"Ovi hodnici vode u vrt s finim voćkama"
"Walk on until you reach a gap in the terrace"
"Hodaj dok ne dođeš do otvora na terasi"
"there you will see a lighted lamp"
"tamo ćeš vidjeti upaljenu lampu"
"Pour out the oil of the lamp"
"Izlijte ulje iz svjetiljke"
"and then bring me the lamp"
"a onda mi donesi lampu"
He drew a ring from his finger and gave it to Aladdin
Izvukao je prsten s prsta i dao ga Aladinu
and he bid him to prosper
i on mu je naredio da napreduje
Aladdin found everything as the magician had said
Aladin je pronašao sve kako je čarobnjak rekao
he gathered some fruit off the trees
skupio je nešto voća sa drveća
and, having got the lamp, he arrived at the mouth of the cave
i, uzevši svjetiljku, stigao je do ulaza u pećinu
The magician cried out in a great hurry
Čarobnjak je povikao u velikoj žurbi
"Make haste and give me the lamp"
"Požuri i daj mi lampu"
Aladdin refused to do this until he was out of the cave
Aladin je odbio to učiniti sve dok nije izašao iz pećine
The magician flew into a terrible rage
Čarobnjak se užasno razbjesnio

he threw some more powder on to the fire
bacio je još malo praha na vatru
and then he cast another magic spell
a zatim je bacio još jednu čarobnu čaroliju
and the stone rolled back into its place
a kamen se otkotrljao natrag na svoje mjesto
The magician left Persia for ever
Čarobnjak je zauvijek napustio Perziju
this plainly showed that he was no uncle of Aladdin's
ovo je jasno pokazalo da on nije Aladinov ujak
what he really was was a cunning magician
ono što je on zapravo bio bio je lukavi mađioničar
a magician who had read of a magic lamp
mađioničar koji je čitao o čarobnoj svjetiljci
a magic lamp which would make him the most powerful man in the world
čarobnu svjetiljku koja bi ga učinila najmoćnijim čovjekom na svijetu
but he alone knew where to find the magic lamp
ali on je jedini znao gdje pronaći čarobnu svjetiljku
and he could only receive the magic lamp from the hand of another
a čarobnu svjetiljku mogao je primiti samo iz ruke drugoga
He had picked out the foolish Aladdin for this purpose
Za tu je svrhu odabrao budalastog Aladina
he had intended to get the magical lamp and kill him afterwards
namjeravao je uzeti čarobnu svjetiljku i nakon toga ga ubiti
For two days Aladdin remained in the dark
Dva dana Aladin je ostao u mraku
he cried and lamented his situation
plakao je i žalio se za svojom situacijom
At last he clasped his hands in prayer
Na kraju je sklopio ruke u molitvi
and in so doing he rubbed the ring
i pritom je protrljao prsten
the magician had forgotten to take the ring back from him

mađioničar mu je zaboravio uzeti prsten
Immediately an enormous and frightful genie rose out of the earth
Smjesta se iz zemlje uzdigao ogroman i zastrašujući duh
"What would thou have me do?"
"Što bi htio da učinim?"
"I am the Slave of the Ring"
"Ja sam rob prstena"
"and I will obey thee in all things"
"i slušat ću te u svemu"
Aladdin fearlessly replied: "Deliver me from this place!"
Aladin je neustrašivo odgovorio: "Izbavi me s ovog mjesta!"
and the earth opened above him
a zemlja se nad njim otvorila
and he found himself outside
a on se našao vani
As soon as his eyes could bear the light he went home
Čim su mu oči mogle podnijeti svjetlost, otišao je kući
but he fainted when he got there
ali se onesvijestio kad je tamo stigao
When he came to himself he told his mother what had happened
Kad je došao sebi ispričao je majci što se dogodilo
and he showed her the lamp
a on joj je pokazao svjetiljku
and he showed her the fruits he had gathered in the garden
a on joj je pokazao plodove koje je nabrao u vrtu
the fruits were, in reality, precious stones
plodovi su zapravo bili drago kamenje
He then asked for some food
Zatim je zatražio malo hrane
"Alas! child," she said
"Jao! dijete", rekla je
"I have no food in the house"
"Nemam hrane u kući"
"but I have spun a little cotton"
"ali ispleo sam malo pamuka"

"and I will go and sell the cotton"
"a ja ću otići i prodati pamuk"
Aladdin bade her keep her cotton
Aladin joj je rekao da zadrži svoj pamuk
he told her he would sell the magic lamp instead of the cotton
rekao joj je da će prodati čarobnu svjetiljku umjesto pamuka
As it was very dirty she began to rub the magic lamp
Kako je bila jako prljava, počela je trljati čarobnu lampu
a clean magic lamp might fetch a higher price
čista čarobna svjetiljka mogla bi postići višu cijenu
Instantly a hideous genie appeared
Odmah se pojavio odvratni duh
he asked what she would like to have
upitao je što bi željela imati
at the sight of the genie she fainted
pri pogledu na džina se onesvijestila
but Aladdin, snatching the magic lamp, said boldly:
ali Aladin, zgrabivši čarobnu svjetiljku, hrabro reče:
"Fetch me something to eat!"
"Donesi mi nešto za jelo!"
The genie returned with a silver bowl
Duh se vratio sa srebrnom zdjelom
he had twelve silver plates containing rich meats
imao je dvanaest srebrnih tanjura s bogatim mesom
and he had two silver cups and two bottles of wine
a imao je dva srebrna pehara i dvije boce vina
Aladdin's mother, when she came to herself, said:
Aladinova majka, kad je došla sebi, reče:
"Whence comes this splendid feast?"
"Odakle dolazi ova sjajna gozba?"
"Ask not where this food came from, but eat, mother," replied Aladdin
"Ne pitaj odakle je ova hrana, nego jedi, majko", odgovorio je Aladin
So they sat at breakfast till it was dinner-time
Tako su sjedili za doručkom sve dok nije došlo vrijeme večere

and Aladdin told his mother about the magic lamp
a Aladdin je svojoj majci ispričao o čarobnoj lampi
She begged him to sell the magic lamp
Molila ga je da proda čarobnu svjetiljku
"let us have nothing to do with devils"
"nemamo ništa s vragovima"
but Aladdin had thought it would be wiser to use the magic lamp
ali Aladdin je mislio da bi bilo pametnije upotrijebiti čarobnu svjetiljku
"chance hath made us aware of the magic lamp's virtues"
"Slučajnost nas je upoznala s vrlinama čarobne lampe"
"we will use the magic lamp, and we will use the ring"
"upotrijebit ćemo čarobnu lampu i upotrijebit ćemo prsten"
"I shall always wear the ring on my finger"
"Uvijek ću nositi prsten na ruci"
When they had eaten all the genie had brought, Aladdin sold one of the silver plates
Kad su pojeli sve što je duh donio, Aladin je prodao jedan od srebrnih tanjura
and when he needed money again he sold the next plate
a kad mu je opet trebao novac prodao je sljedeći tanjur
he did this until no plates were left
činio je to sve dok nije ostao nijedan tanjur
He then made another wish to the genie
Zatim je zaželio još jednu želju duhu
and the genie gave him another set of plates
a duh mu je dao još jedan set tanjura
and in this way they lived for many years
i tako su živjeli mnogo godina
One day Aladdin heard an order from the Sultan
Jednog dana Aladin je čuo sultanovu naredbu
everyone was to stay at home and close their shutters
svi su trebali ostati kod kuće i zatvoriti kapke
the Princess was going to and from her bath
princeza je išla na kupanje i iz njega
Aladdin was seized by a desire to see her face

Aladina je obuzela želja da joj vidi lice
although it was very difficult to see her face
iako joj je bilo vrlo teško vidjeti lice
because everywhere she went she wore a veil
jer kamo god je išla nosila je veo
He hid himself behind the door of the bath
Sakrio se iza vrata kupatila
and he peeped through a chink in the door
a on je provirio kroz otvor na vratima
The Princess lifted her veil as she went in to the bath
Princeza je podigla svoj veo dok je ulazila u kadu
and she looked so beautiful that Aladdin instantly fell in love with her
i izgledala je tako lijepo da se Aladin istog trena zaljubio u nju
He went home so changed that his mother was frightened
Otišao je kući tako promijenjen da se njegova majka prestrašila
He told her he loved the Princess so deeply that he could not live without her
Rekao joj je da toliko voli princezu da ne može živjeti bez nje
and he wanted to ask her in marriage of her father
i htio ju je zaprositi za oca njezina
His mother, on hearing this, burst out laughing
Njegova je majka, čuvši to, prasnula u smijeh
but Aladdin finally convinced her to go to the Sultan
ali ju je Aladin konačno uvjerio da ode sultanu
and she was going to carry his request
i namjeravala je ispuniti njegov zahtjev
She fetched a napkin and laid in it the magic fruits
Donijela je ubrus i položila u njega čarobne plodove
the magic fruits from the enchanted garden
čarobni plodovi iz začaranog vrta
the fruits sparkled and shone like the most beautiful jewels
plodovi su svjetlucali i blistali poput najljepših dragulja
She took the magic fruits with her to please the Sultan
Ponijela je sa sobom čarobne plodove kako bi ugodila sultanu
and she set out, trusting in the lamp
i krenula je uzdajući se u svjetiljku

The Grand Vizier and the lords of council had just gone into the palace
Veliki vezir i vijećnici upravo su otišli u palaču
and she placed herself in front of the Sultan
a ona se postavila ispred sultana
He, however, took no notice of her
On, međutim, nije obraćao pozornost na nju
She went every day for a week
Išla je svaki dan tjedan dana
and she stood in the same place
a ona je stajala na istom mjestu
When the council broke up on the sixth day the Sultan said to his Vizier:
Kada se vijeće šestog dana raspalo, sultan je rekao svom veziru:
"I see a certain woman in the audience-chamber every day"
"Svaki dan vidim određenu ženu u dvorani za publiku"
"she is always carrying something in a napkin"
"ona uvijek nosi nešto u salveti"
"Call her to come to us, next time"
"Nazovi je da dođe kod nas sljedeći put"
"so that I may find out what she wants"
"kako bih mogao saznati što ona želi"
Next day the Vizier gave her a sign
Sutradan joj je vezir dao znak
she went up to the foot of the throne
popela se do podnožja prijestolja
and she remained kneeling till the Sultan spoke to her
i ostala je klečati dok joj sultan nije progovorio
"Rise, good woman, tell me what you want"
"Ustani, dobra ženo, reci mi što želiš"
She hesitated, so the Sultan sent away all but the Vizier
Ona je oklijevala, pa je sultan poslao sve osim vezira
and he bade her to speak frankly
a on ju je zamolio da govori iskreno
and he promised to forgive her for anything she might say
i obećao je da će joj oprostiti sve što bi rekla

She then told him of her son's great love for the Princess
Tada mu je ispričala o velikoj ljubavi svog sina prema princezi
"I prayed for him to forget her," she said
"Molila sam se da je zaboravi", rekla je
"but my prayers were in vain"
"ali moje molitve su bile uzaludne"
"he threatened to do some desperate deed if I refused to go"
"prijetio je da će učiniti neko očajničko djelo ako odbijem ići"
"and so I ask your Majesty for the hand of the Princess"
"i zato molim vaše veličanstvo za ruku princeze"
"but now I pray you to forgive me"
"ali sada te molim da mi oprostiš"
"and I pray that you forgive my son Aladdin"
"i molim se da oprostiš mom sinu Aladinu"
The Sultan asked her kindly what she had in the napkin
Sultan ju je ljubazno upitao što ima u salveti
so she unfolded the napkin
pa je razmotala ubrus
and she presented the jewels to the Sultan
a dragulje je poklonila sultanu
He was thunderstruck by the beauty of the jewels
Bio je zapanjen ljepotom dragulja
and he turned to the Vizier and asked, "What sayest thou?"
te se okrene veziru i upita: "Šta kažeš?"
"Ought I not to bestow the Princess on one who values her at such a price?"
"Ne bih li trebao pokloniti princezu onome tko je cijeni po takvoj cijeni?"
The Vizier wanted her for his own son
Vezir ju je želio za vlastitog sina
so he begged the Sultan to withhold her for three months
pa je molio sultana da je zadrži tri mjeseca
perhaps within the time his son would contrive to make a richer present
možda unutar vremena kada bi njegov sin uspio napraviti bogatiji poklon
The Sultan granted the wish of his Vizier

Sultan je ispunio želju svog vezira
and he told Aladdin's mother that he consented to the marriage
a Aladinovoj majci je rekao da pristaje na brak
but she was not allowed appear before him again for three months
ali nije se smjela ponovno pojaviti pred njim tri mjeseca
Aladdin waited patiently for nearly three months
Aladin je strpljivo čekao gotovo tri mjeseca
after two months had elapsed his mother went to go to the market
nakon što su prošla dva mjeseca njegova majka je otišla na tržnicu
she was going into the city to buy oil
išla je u grad da kupi ulje
when she got to the market she found every one rejoicing
kad je stigla na tržnicu, našla je kako se svi raduju
so she asked what was going on
pa je pitala što se događa
"Do you not know?" was the answer
"Zar ne znaš?" bio je odgovor
"the son of the Grand Vizier is to marry the Sultan's daughter tonight"
"Sin velikog vezira će večeras oženiti sultanovu kćer"
Breathless, she ran and told Aladdin
Bez daha je otrčala i rekla Aladinu
at first Aladdin was overwhelmed
isprva je Aladin bio izvan sebe
but then he thought of the magic lamp and rubbed it
ali onda se sjetio čarobne svjetiljke i protrljao je
once again the genie appeared out of the lamp
još jednom se duh pojavio iz svjetiljke
"What is thy will?" asked the genie
"Što je tvoja volja?" upita duh
"The Sultan, as thou knowest, has broken his promise to me"
"Sultan je, kao što znaš, prekršio obećanje koje mi je dao"
"the Vizier's son is to have the Princess"

"vezirov sin ima princezu"
"My command is that tonight you bring the bride and bridegroom"
"Moja zapovijed je da večeras dovedeš mladu i mladoženju"
"Master, I obey," said the genie
"Gospodaru, slušam", rekao je duh
Aladdin then went to his chamber
Aladin je zatim otišao u svoju odaju
sure enough, at midnight the genie transported a bed
sasvim sigurno, u ponoć je duh prenio krevet
and the bed contained the Vizier's son and the Princess
a u krevetu su bili vezirov sin i princeza
"Take this new-married man, genie," he said
"Uzmi ovog novooženjenog čovjeka, duhu", rekao je
"put him outside in the cold for the night"
"stavite ga vani na hladnoću preko noći"
"then return the couple again at daybreak"
"onda vrati par opet u zoru"
So the genie took the Vizier's son out of bed
Tako je duh uzeo vezirovog sina iz kreveta
and he left Aladdin with the Princess
a Aladina je ostavio s princezom
"Fear nothing," Aladdin said to her, "you are my wife"
"Ne boj se ništa", reče joj Aladin, "ti si moja žena"
"you were promised to me by your unjust father"
"obećao te mi je tvoj nepravedni otac"
"and no harm shall come to you"
"i nikakvo zlo ti se neće dogoditi"
The Princess was too frightened to speak
Princeza je bila previše uplašena da bi progovorila
and she passed the most miserable night of her life
i prošla je najjadniju noć u svom životu
although Aladdin lay down beside her and slept soundly
iako je Aladdin legao pokraj nje i čvrsto spavao
At the appointed hour the genie fetched in the shivering bridegroom
U dogovoreni sat duh je doveo drhtavog mladoženju

he laid him in his place
položi ga na njegovo mjesto
and he transported the bed back to the palace
a krevet je prenio natrag u palaču
Presently the Sultan came to wish his daughter good-morning
Ubrzo je sultan došao svojoj kćeri poželjeti dobro jutro
The unhappy Vizier's son jumped up and hid himself
Nesretni vezirov sin skoči i sakrije se
and the Princess would not say a word
a Princeza nije htjela reći ni riječi
and she was very sorrowful
i bila je vrlo žalosna
The Sultan sent her mother to her
Sultan joj je poslao majku
"Why will you not speak to your father, child?"
"Zašto nećeš razgovarati sa svojim ocem, dijete?"
"What has happened?" she asked
"Što se dogodilo?" pitala je
The Princess sighed deeply
Princeza je duboko uzdahnula
and at last she told her mother what had happened
i na kraju je rekla majci što se dogodilo
she told her how the bed had been carried into some strange house
ispričala joj je kako je krevet odnesen u neku tuđu kuću
and she told of what had happened in the house
i ispričala je što se dogodilo u kući
Her mother did not believe her in the least
Majka joj nije ni najmanje vjerovala
and she bade her to consider it an idle dream
a ona joj je rekla da to smatra pustim snom
The following night exactly the same thing happened
Sljedeće noći dogodilo se potpuno isto
and the next morning the princess wouldn't speak either
a sljedećeg jutra ni princeza nije htjela progovoriti
on the Princess's refusal to speak, the Sultan threatened to

cut off her head
na princezino odbijanje da govori, sultan je zaprijetio da će joj odsjeći glavu
She then confessed all that had happened
Tada je priznala sve što se dogodilo
and she bid him to ask the Vizier's son
a ona ga zamoli da pita vezirova sina
The Sultan told the Vizier to ask his son
Sultan je rekao veziru da pita njegovog sina
and the Vizier's son told the truth
a vezirov sin je rekao istinu
he added that he dearly loved the Princess
dodao je da jako voli princezu
"but I would rather die than go through another such fearful night"
"ali radije bih umro nego proživio još jednu tako strašnu noć"
and he wished to be separated from her, which was granted
i želio je biti odvojen od nje, što mu je i odobreno
and then there was an end to the feasting and rejoicing
a onda je bio kraj gozbi i veselju
then the three months were over
onda su tri mjeseca prošla
Aladdin sent his mother to remind the Sultan of his promise
Aladin je poslao svoju majku da podsjeti sultana na njegovo obećanje
She stood in the same place as before
Stajala je na istom mjestu kao i prije
the Sultan had forgotten Aladdin
sultan je zaboravio Aladina
but at once he remembered him again
ali istoga se trenutka opet sjetio njega
and he asked for her to come to him
i zamolio je da ona dođe k njemu
On seeing her poverty the Sultan felt less inclined than ever to keep his word
Vidjevši njezino siromaštvo, sultan se osjećao manje nego ikad sklon održati svoju riječ

and he asked his Vizier's advice
te je tražio savjet od svog vezira
he counselled him to set a high value on the Princess
savjetovao mu je da visoko cijeni princezu
a price so high that no man alive could come afford her
cijenu tako visoku da je nitko živ ne bi mogao priuštiti
The Sultan then turned to Aladdin's mother, saying:
Sultan se tada okrenuo Aladinovoj majci, govoreći:
"Good woman, a Sultan must remember his promises"
"Dobra ženo, sultan mora zapamtiti svoja obećanja"
"and I will remember my promise"
"i zapamtit ću svoje obećanje"
"but your son must first send me forty basins of gold"
"ali tvoj sin mi mora prvo poslati četrdeset posuda zlata"
"and the gold basins must be full of jewels"
"a zlatni bazeni moraju biti puni dragulja"
"and they must be carried by forty black camels"
"i moraju ih nositi četrdeset crnih deva"
"and in front of each black camel there is to be a white camel"
"I ispred svake crne deve neka bude bijela deva"
"and all the camels are to be splendidly dressed"
"i sve deve moraju biti sjajno odjevene"
"Tell him that I await his answer"
"Reci mu da čekam njegov odgovor"
The mother of Aladdin bowed low
Aladinova majka se nisko naklonila
and then she went home
a onda je otišla kući
although she thought all was lost
iako je mislila da je sve izgubljeno
She gave Aladdin the message
Dala je Aladinu poruku
and she added, "He may wait long enough for your answer!"
i dodala: "Možda će dovoljno dugo čekati na tvoj odgovor!"
"Not so long as you think, mother," her son replied
"Ne tako dugo koliko misliš, majko", odgovorio je njezin sin

"I would do a great deal more than that for the Princess"
"Učinio bih mnogo više od toga za princezu"
and he summoned the genie again
i ponovno je pozvao džina
and in a few moments the eighty camels arrived
i za nekoliko trenutaka stiglo je osamdeset deva
and they took up all space in the small house and garden
a zauzimali su sav prostor u maloj kući i vrtu
Aladdin made the camels set out to the palace
Aladin je natjerao deve da krenu u palaču
and the camels were followed by his mother
a deve je pratila njegova majka
The camels were very richly dressed
Deve su bile vrlo bogato odjevene
and splendid jewels were on the girdles of the camels
a raskošni dragulji bili su na pojasevima deva
and everyone crowded around to see the camels
i svi su se nagurali okolo da vide deve
and they saw the basins of gold the camels carried on their backs
i vidješe posude sa zlatom koje su deve nosile na svojim leđima
They entered the palace of the Sultan
Ušli su u sultanovu palaču
and the camels kneeled before him in a semi circle
a deve su klečale pred njim u polukrugu
and Aladdin's mother presented the camels to the Sultan
a Aladinova majka poklonila je deve sultanu
He hesitated no longer, but said:
Nije više oklijevao, već reče:
"Good woman, return to your son"
"Dobra ženo, vrati se sinu"
"tell him that I wait for him with open arms"
"Reci mu da ga čekam raširenih ruku"
She lost no time in telling Aladdin
Nije gubila vrijeme i rekla Aladinu
and she bid him to make haste

a ona mu je rekla da požuri
But Aladdin first called for the genie
Ali Aladin je prvi pozvao duha
"I want a scented bath," he said
"Želim mirisnu kupku", rekao je
"and I want a horse more beautiful than the Sultan's"
"i želim konja ljepšeg od sultanovog"
"and I want twenty servants to attend to me"
"i želim dvadeset slugu da me čuvaju"
"and I also want six beautifully dressed servants to wait on my mother"
"i također želim šest lijepo odjevenih slugu da posluže mojoj majci"
"and lastly, I want ten thousand pieces of gold in ten purses"
"I na kraju, želim deset tisuća zlatnika u deset torbica"
No sooner had he said what he wanted and it was done
Tek što je rekao što želi i to je bilo učinjeno
Aladdin mounted his beautiful horse
Aladin je uzjahao svog prekrasnog konja
and he passed through the streets
i prolazio je ulicama
the servants cast gold into the crowd as they went
sluge su dok su išle bacale zlato u gomilu
Those who had played with him in his childhood knew him not
Oni koji su se igrali s njim u djetinjstvu nisu ga poznavali
he had grown very handsome
postao je vrlo zgodan
When the Sultan saw him he came down from his throne
Kada ga je sultan ugledao sišao je sa svog prijestolja
he embraced his new son-in-law with open arms
raširenih je ruku zagrlio novoga zeta
and he led him into a hall where a feast was spread
i on ga odvede u dvoranu gdje je priređena gozba
he intended to marry him to the Princess that very day
namjeravao ga je istog dana oženiti princezom
But Aladdin refused to marry straight away

Ali Aladin se odmah odbio oženiti
"first I must build a palace fit for the princess"
"Prvo moram izgraditi palaču prikladnu za princezu"
and then he took his leave
a onda je otišao
Once home, he said to the genie:
Kad je došao kući, rekao je duhu:
"Build me a palace of the finest marble"
"Sagradi mi palaču od najfinijeg mramora"
"set the palace with jasper, agate, and other precious stones"
"postavite palaču jaspisom, ahatom i drugim dragim kamenjem"
"In the middle of the palace you shall build me a large hall with a dome"
"Usred palače sagradit ćeš mi veliku dvoranu s kupolom"
"the four walls of the hall will be of masses of gold and silver"
"četiri zida dvorane bit će od mase zlata i srebra"
"and each wall will have six windows"
"i svaki zid će imati šest prozora"
"and the lattices of the windows will be set with precious jewels"
"a rešetke na prozorima bit će optočene dragim draguljima"
"but there must be one window that is not decorated"
"ali mora postojati jedan prozor koji nije ukrašen"
"go see that it gets done!"
"idi vidi da se završi!"
The palace was finished by the next day
Palača je bila gotova do sljedećeg dana
the genie carried him to the new palace
duh ga je odnio u novu palaču
and he showed him how all his orders had been faithfully carried out
te mu je pokazao kako su sve njegove naredbe vjerno izvršene
even a velvet carpet had been laid from Aladdin's palace to the Sultan's
čak je baršunasti tepih bio postavljen od Aladinove palače do

sultanove
Aladdin's mother then dressed herself carefully
Aladinova majka se zatim pažljivo obukla
and she walked to the palace with her servants
i ona sa svojim slugama odšeta do palače
and Aladdin followed her on horseback
a Aladin ju je slijedio na konju
The Sultan sent musicians with trumpets and cymbals to meet them
Sultan im je u susret poslao svirače s trubama i činelama
so the air resounded with music and cheers
pa je zrak odzvanjao glazbom i klicanjem
She was taken to the Princess, who saluted her
Odveli su je do princeze, koja ju je pozdravila
and she treated her with great honour
a ona se prema njoj odnosila s velikom čašću
At night the Princess said good-bye to her father
Noću se princeza oprostila od svog oca
and she set out on the carpet for Aladdin's palace
a ona se zaputila tepihom u Aladinovu palaču
his mother was at her side
njegova je majka bila uz nju
and they were followed by their entourage of servants
a pratila ih je njihova pratnja slugu
She was charmed at the sight of Aladdin
Bila je očarana pogledom na Aladina
and Aladdin ran to receive her into the palace
a Aladin je otrčao da je primi u palaču
"Princess," he said, "blame your beauty for my boldness"
"Princezo", rekao je, "okrivi svoju ljepotu za moju smjelost"
"I hope I have not displeased you"
"Nadam se da te nisam razljutio"
she said she willingly obeyed her father in this matter
rekla je da je dragovoljno poslušala svog oca u ovom pitanju
because she had seen that he is handsome
jer je vidjela da je zgodan
After the wedding had taken place Aladdin led her into the

hall
Nakon vjenčanja Aladin ju je odveo u dvoranu
a great feast was spread out in the hall
velika je gozba priređena u dvorani
and she supped with him
i večerala je s njim
after eating they danced till midnight
nakon jela plesali su do ponoći
The next day Aladdin invited the Sultan to see the palace
Sljedeći dan Aladin je pozvao sultana da vidi palaču
they entered the hall with the four-and-twenty windows
ušli su u dvoranu s dvadeset i četiri prozora
the windows were decorated with rubies, diamonds, and emeralds
prozori su bili ukrašeni rubinima, dijamantima i smaragdima
he cried, "The palace is one of the wonders of the world!"
povikao je: "Palača je jedno od svjetskih čuda!"
"There is only one thing that surprises me"
"Samo me jedna stvar iznenađuje"
"Was it by accident that one window was left unfinished?"
– Je li slučajno jedan prozor ostao nedovršen?
"No, sir, it was done so by design," replied Aladdin
"Ne, gospodine, to je učinjeno planski", odgovorio je Aladin
"I wished your Majesty to have the glory of finishing this palace"
"Želio sam da vaše veličanstvo ima slavu završetka ove palače"
The Sultan was pleased to be given this honour
Sultan je bio zadovoljan što mu je ukazana ova čast
and he sent for the best jewellers in the city
i poslao je po najbolje draguljare u gradu
He showed them the unfinished window
Pokazao im je nedovršeni prozor
and he bade them to decorate the window like the others
i naredi im da okite prozor kao i ostali
"Sir," replied their spokesman
"Gospodine", odgovorio je njihov glasnogovornik

"we cannot find enough jewels"
"ne možemo pronaći dovoljno dragulja"
so the Sultan had his own jewels fetched
pa je sultan dao donijeti svoje dragulje
but those jewels were soon used up too
ali su i ti dragulji ubrzo potrošeni
even after a month's time the work was not half done
ni nakon mjesec dana posao nije bio dopola obavljen
Aladdin knew that their task was impossible
Aladin je znao da je njihov zadatak nemoguć
he bade them to undo their work
naredio im je da ponište svoj posao
and he bade them to carry the jewels back
a on im naredi da dragulje odnesu natrag
the genie finished the window at his command
duh je dovršio prozor na njegovu zapovijed
The Sultan was surprised to receive his jewels again
Sultan je bio iznenađen što je ponovno dobio svoje dragulje
he visited Aladdin, who showed him the finished window
posjetio je Aladina, koji mu je pokazao gotov prozor
and the Sultan embraced his son in law
a sultan je zagrlio svog zeta
meanwhile, the envious Vizier suspected the work of enchantment
u međuvremenu je zavidni vezir posumnjao na djelo čaranja
Aladdin had won the hearts of the people by his gentle manner
Aladin je osvojio srca ljudi svojom nježnošću
He was made captain of the Sultan's armies
Postao je kapetan sultanove vojske
and he won several battles for his army
i dobio je nekoliko bitaka za svoju vojsku
but he remained as modest and courteous as before
ali je ostao skroman i uljudan kao i prije
in this way he lived in peace and content for several years
na taj je način nekoliko godina živio u miru i zadovoljstvu
But far away in Africa the magician remembered Aladdin

Ali daleko u Africi čarobnjak se sjetio Aladina
and by his magic arts he discovered Aladdin hadn't perished in the cave
i svojim magičnim umijećem otkrio je da Aladdin nije poginuo u špilji
but instead of perishing, he had escaped and married the princess
ali umjesto da pogine, on je pobjegao i oženio princezu
and now he was living in great honour and wealth
a sada je živio u velikoj časti i bogatstvu
He knew that the poor tailor's son could only have accomplished this by means of the magic lamp
Znao je da je siroti krojačev sin to mogao postići samo uz pomoć čarobne svjetiljke
and he travelled night and day until he reached the city
i putovao je dan i noć dok nije stigao u grad
he was bent on making sure of Aladdin's ruin
bio je spreman osigurati Aladinovu propast
As he passed through the town he heard people talking
Dok je prolazio gradom, čuo je razgovor ljudi
all they could talk about was the marvellous palace
sve o čemu su mogli razgovarati bila je veličanstvena palača
"Forgive my ignorance," he asked
"Oprostite mi na neznanju", zamolio je
"what is this palace you speak of?"
"kakva je to palača o kojoj govoriš?"
"Have you not heard of Prince Aladdin's palace?" was the reply
"Zar niste čuli za palaču princa Aladdina?" bio je odgovor
"the palace is one of the greatest wonders of the world"
"palača je jedno od najvećih svjetskih čuda"
"I will direct you to the palace, if you would like to see it"
"Uputit ću vas do palače ako je želite vidjeti"
The magician thanked him for bringing him to the palace
Čarobnjak mu je zahvalio što ga je doveo u palaču
and having seen the palace, he knew that it had been built by the Genie of the Lamp

i nakon što je vidio palaču, znao je da ju je sagradio Duh svjetiljke
this made him half mad with rage
ovo ga je napola izludilo od bijesa
He was determined to get hold of the magic lamp
Čvrsto je odlučio domoći se čarobne svjetiljke
and he was going to plunge Aladdin into the deepest poverty again
i namjeravao je opet gurnuti Aladina u najveće siromaštvo
Unluckily, Aladdin had gone on a hunting trip for eight days
Nesrećom, Aladin je otišao u lov na osam dana
this gave the magician plenty of time
ovo je mađioničaru dalo dovoljno vremena
He bought a dozen copper lamps
Kupio je desetak bakrenih lampi
and he put the copper lamps into a basket
a bakrene svjetiljke stavi u košaru
and then he went to the palace
a zatim je otišao u palaču
"New lamps for old lamps!" he exclaimed
"Nove lampe za stare lampe!" - uzviknuo je
and he was followed by a jeering crowd
a za njim je išla gomila koja se rugala
The Princess was sitting in the hall of four-and-twenty windows
Princeza je sjedila u hodniku od dvadeset i četiri prozora
she sent a servant to find out what the noise was about
poslala je slugu da sazna o čemu se radi
the servant came back laughing so much that the Princess scolded her
sluga se vratio smijući se toliko da ju je princeza prekorila
"Madam," replied the servant
Gospođo, odgovori sluga
"who can help but laughing when you see such a thing?"
"tko može a da se ne nasmije kad vidi takvo što?"
"an old fool is offering to exchange fine new lamps for old

lamps"
"stara budala nudi zamjenu za dobre nove lampe za stare lampe"
Another servant, hearing this, spoke up
Drugi sluga, čuvši to, progovori
"There is an old lamp on the cornice which he can have"
"Na vijencu je stara lampa koju može uzeti"
this, of course, was the magic lamp
ovo je, naravno, bila čarobna svjetiljka
Aladdin had left the magic lamp there, as he could not take it with him
Aladin je ondje ostavio čarobnu svjetiljku jer je nije mogao ponijeti sa sobom
The Princess didn't know know the lamp's value
Princeza nije znala vrijednost svjetiljke
laughingly, she bade the servant to exchange the magic lamp
smijući se, zamolila je slugu da zamijeni čarobnu svjetiljku
the servant took the lamp to the magician
sluga je odnio svjetiljku čarobnjaku
"Give me a new lamp for this lamp," she said
"Daj mi novu lampu za ovu lampu", rekla je
He snatched the lamp and bade the servant to pick another lamp
Zgrabio je svjetiljku i naredio slugi da odabere drugu svjetiljku
and the entire crowd jeered at the sight
a cijela se gomila rugala tom prizoru
but the magician cared little for the crowd
ali mađioničar je malo mario za gomilu
he left the crowd with the magic lamp he had set out to get
ostavio je gomilu s čarobnom svjetiljkom koju je naumio nabaviti
and he went out of the city gates to a lonely place
i izađe kroz gradska vrata na samotno mjesto
there he remained till nightfall
ondje je ostao do noći
and at nightfall he pulled out the magic lamp and rubbed it
a kad je pala noć izvukao je čarobnu svjetiljku i protrljao je

The genie appeared to the magician
Duh se pojavio mađioničaru
and the magician made his command to the genie
i mađioničar je naredio duhu
"carry me, the princess, and the palace to a lonely place in Africa"
"Odnesi mene, princezu i palaču na usamljeno mjesto u Africi"
Next morning the Sultan looked out of the window toward Aladdin's palace
Sljedećeg jutra sultan je pogledao kroz prozor prema Aladinovoj palači
and he rubbed his eyes when he saw the palace was gone
i protrljao je oči kad je vidio da palače nema
He sent for the Vizier and asked what had become of the palace
Poslao je po vezira i pitao što je s palačom
The Vizier looked out too, and was lost in astonishment
I vezir je pogledao van i ostao zaprepašten
He again put the events down to enchantment
Opet je događaje sveo na čaroliju
and this time the Sultan believed him
i ovaj put mu je sultan povjerovao
he sent thirty men on horseback to fetch Aladdin in chains
poslao je trideset ljudi na konjima da dovedu Aladina u lancima
They met him riding home
Dočekali su ga kako jaše kući
they bound him and forced him to go with them on foot
svezali su ga i natjerali da ide s njima pješice
The people, however, who loved him, followed them to the palace
Narod, koji ga je volio, slijedio ih je do palače
they would make sure that he came to no harm
pobrinuli bi se da mu ništa ne bude nažao
He was carried before the Sultan
Odveli su ga pred sultana
and the Sultan ordered the executioner to cut off his head

a sultan je naredio da mu krvnik odrubi glavu
The executioner made Aladdin kneel down before a block of wood
Krvnik je natjerao Aladina da klekne pred komadom drveta
he bandaged his eyes so that he could not see
povezao je oči da ne vidi
and he raised his scimitar to strike
i podigao je sablju da udari
At that instant the Vizier saw the crowd had forced their way into the courtyard
U tom trenutku vezir je vidio kako je svjetina provalila u dvorište
they were scaling the walls to rescue Aladdin
penjali su se zidinama kako bi spasili Aladina
so he called to the executioner to halt
pa je povikao krvniku da stane
The people, indeed, looked so threatening that the Sultan gave way
Narod je, doista, izgledao tako prijeteće da je sultan popustio
and he ordered Aladdin to be unbound
a on je naredio da se Aladin odveže
he pardoned him in the sight of the crowd
pomilovao ga je naočigled svjetine
Aladdin now begged to know what he had done
Aladin je sada molio da zna što je učinio
"False wretch!" said the Sultan, "come thither"
"Lažni bijedniče!" rekao je sultan, "dođi ovamo"
he showed him from the window the place where his palace had stood
pokazao mu je s prozora mjesto gdje je stajala njegova palača
Aladdin was so amazed that he could not say a word
Aladin je bio toliko zadivljen da nije mogao reći ni riječi
"Where are my palace and my daughter?" demanded the Sultan
"Gdje su moja palača i moja kći?" zahtijevao je sultan
"For the palace I am not so deeply concerned"
"Za palaču nisam toliko zabrinut"

"but my daughter I must have"
"ali svoju kćer moram imati"
"and you must find her, or lose your head"
"i moraš je pronaći ili izgubiti glavu"
Aladdin begged to be granted forty days in which to find her
Aladin je molio da mu se odobri četrdeset dana da je pronađe
he promised that if he failed he would return
obećao je da će se vratiti ako ne uspije
and on his return he would suffer death at the Sultan's pleasure
a na povratku će pretrpjeti smrt po sultanovoj volji
His prayer was granted by the Sultan
Sultan mu je uslišao molitvu
and he went forth sadly from the Sultan's presence
i iziđe tužan iz sultanove prisutnosti
For three days he wandered about like a madman
Tri je dana lutao uokolo kao lud
he asked everyone what had become of his palace
pitao je sve što je bilo s njegovom palačom
but they only laughed and pitied him
ali su se samo smijali i sažaljevali ga
He came to the banks of a river
Došao je do obale rijeke
he knelt down to say his prayers before throwing himself in
kleknuo je da se pomoli prije nego što se bacio
In so doing he rubbed the magic ring he still wore
Pritom je trljao čarobni prsten koji je još nosio
The genie he had seen in the cave appeared
Pojavio se duh kojeg je vidio u špilji
and he asked him what his will was
a on ga upita kakva mu je volja
"Save my life, genie," said Aladdin
"Spasi mi život, dušo", reče Aladin
"bring my palace back"
"vrati moju palaču"
"That is not in my power," said the genie

"To nije u mojoj moći", rekao je duh
"I am only the Slave of the Ring"
"Ja sam samo rob prstena"
"you must ask him for the magic lamp"
"moraš ga pitati za čarobnu lampu"
"that might be true," said Aladdin
"to bi moglo biti istina", rekao je Aladdin
"but thou canst take me to the palace"
"ali me možeš odvesti u palaču"
"set me down under my dear wife's window"
"spusti me ispod prozora moje drage žene"
He at once found himself in Africa
Odmah se našao u Africi
he was under the window of the Princess
bio je pod prozorom princeze
and he fell asleep out of sheer weariness
i zaspao je od čistog umora
He was awakened by the singing of the birds
Probudio ga je pjev ptica
and his heart was lighter than it was before
a srce mu je bilo lakše nego prije
He saw that all his misfortunes were due to the loss of the magic lamp
Vidio je da su sve njegove nesreće posljedica gubitka čarobne svjetiljke
and he vainly wondered who had robbed him of his magic lamp
i uzalud se pitao tko mu je oteo čarobnu svjetiljku
That morning the Princess rose earlier than she normally
Tog jutra princeza je ustala ranije nego inače
once a day she was forced to endure the magicians company
jednom dnevno bila je prisiljena trpjeti društvo mađioničara
She, however, treated him very harshly
Ona se, međutim, prema njemu vrlo grubo ponašala
so he dared not live with her in the palace
pa se nije usudio živjeti s njom u palači
As she was dressing, one of her women looked out and saw

Aladdin
Dok se oblačila, jedna od njenih žena je pogledala van i ugledala Aladina
The Princess ran and opened the window
Princeza je potrčala i otvorila prozor
at the noise she made Aladdin looked up
na buku koju je napravila Aladdin je podignuo pogled
She called to him to come to her
Zvala ga je da dođe k njoj
it was a great joy for the lovers to see each other again
bila je velika radost za ljubavnike što su se ponovno vidjeli
After he had kissed her Aladdin said:
Nakon što ju je poljubio, Aladin je rekao:
"I beg of you, Princess, in God's name"
"Preklinjem te, princezo, u ime Boga"
"before we speak of anything else"
"prije nego što govorimo o bilo čemu drugom"
"for your own sake and mine"
"za tvoje i moje dobro"
"tell me what has become of the old lamp"
"reci mi što je bilo sa starom lampom"
"I left the lamp on the cornice in the hall of four-and-twenty windows"
"Ostavio sam svjetiljku na vijencu u hodniku od dvadeset i četiri prozora"
"Alas!" she said, "I am the innocent cause of our sorrows"
"Jao!" rekla je, "Ja sam nevini uzrok naših tuga"
and she told him of the exchange of the magic lamp
a ona mu je ispričala o razmjeni čarobne svjetiljke
"Now I know," cried Aladdin
"Sada znam", povikao je Aladin
"we have to thank the magician for this!"
"za ovo moramo zahvaliti mađioničaru!"
"Where is the magic lamp?"
"Gdje je čarobna svjetiljka?"
"He carries the lamp about with him," said the Princess
"On nosi svjetiljku sa sobom", reče princeza

"I know he carries the lamp with him"
"Znam da nosi lampu sa sobom"
"because he pulled the lamp out of his breast pocket to show me"
"jer je izvukao lampu iz džepa na grudima da mi pokaže"
"and he wishes me to break my faith with you and marry him"
"i želi da raskinem svoju vjeru s tobom i udam se za njega"
"and he said you were beheaded by my father's command"
"i rekao je da su ti odrubili glavu po zapovijedi mog oca"
"He is always speaking ill of you"
"On uvijek loše govori o tebi"
"but I only reply with my tears"
"ali odgovaram samo svojim suzama"
"If I can persist, I doubt not"
"Ako mogu ustrajati, ne sumnjam"
"but he will use violence"
"ali će upotrijebiti nasilje"
Aladdin comforted his wife
Aladin je tješio svoju ženu
and he left her for a while
a on ju je neko vrijeme ostavio
He changed clothes with the first person he met in town
Presvlačio se s prvom osobom koju je sreo u gradu
and having bought a certain powder, he returned to the Princess
i kupivši neki prašak, vrati se princezi
the Princess let him in by a little side door
princeza ga je pustila unutra kroz mala bočna vrata
"Put on your most beautiful dress," he said to her
"Obuci svoju najljepšu haljinu", rekao joj je
"receive the magician with smiles today"
"danas primite mađioničara s osmjesima"
"lead him to believe that you have forgotten me"
"navedi ga da vjeruje da si me zaboravio"
"Invite him to sup with you"
"Pozovi ga da večera s tobom"

"and tell him you wish to taste the wine of his country"
"i reci mu da želiš kušati vino njegove zemlje"
"He will be gone for some time"
"Neće ga biti neko vrijeme"
"while he is gone I will tell you what to do"
"dok ga nema ja ću ti reći što da radiš"
She listened carefully to Aladdin
Pažljivo je slušala Aladina
and when he left she arrayed herself beautifully
a kad je otišao, lijepo se odjenula
she hadn't dressed like this since she had left her city
nije se ovako obukla otkad je otišla iz svog grada
She put on a girdle and head-dress of diamonds
Stavila je pojas i pokrivalo za glavu od dijamanata
she was more beautiful than ever
bila je ljepša nego ikada
and she received the magician with a smile
a mađioničara je primila s osmijehom
"I have made up my mind that Aladdin is dead"
"Odlučio sam da je Aladin mrtav"
"my tears will not bring him back to me"
"moje ga suze neće vratiti meni"
"so I am resolved to mourn no more"
"pa sam odlučio da više ne tugujem"
"therefore I invite you to sup with me"
"zato te pozivam da večeraš sa mnom"
"but I am tired of the wines we have"
"ali umoran sam od vina koja imamo"
"I would like to taste the wines of Africa"
"Želio bih kušati vina Afrike"
The magician ran to his cellar
Mađioničar je otrčao u svoj podrum
and the Princess put the powder Aladdin had given her in her cup
a princeza je u šalicu stavila prašak koji joj je dao Aladin
When he returned she asked him to drink to her health
Kad se vratio, zamolila ga je da pije u njezino zdravlje

and she handed him her cup in exchange for his
a ona mu je predala svoju šalicu u zamjenu za njegovu
this was done as a sign to show she was reconciled to him
to je učinjeno kao znak da se pokaže da se pomirila s njim
Before drinking the magician made her a speech
Prije nego što je popio, mađioničar joj je održao govor
he wanted to praise her beauty
htio je pohvaliti njezinu ljepotu
but the Princess cut him short
ali ga je princeza prekinula
"Let us drink first"
"Prvo pijmo"
"and you shall say what you will afterwards"
"i poslije ćeš reći što hoćeš"
She set her cup to her lips and kept it there
Prislonila je šalicu usnama i zadržala je tamo
the magician drained his cup to the dregs
mađioničar je iskapio svoju čašu do temelja
and upon finishing his drink he fell back lifeless
i nakon što je popio piće, pao je natrag beživotan
The Princess then opened the door to Aladdin
Princeza je tada otvorila vrata Aladinu
and she flung her arms round his neck
a ona mu je prebacila ruke oko vrata
but Aladdin asked her to leave him
ali ju je Aladin zamolio da ga ostavi
there was still more to be done
trebalo je učiniti još više
He then went to the dead magician
Zatim je otišao do mrtvog čarobnjaka
and he took the lamp out of his vest
a svjetiljku je izvadio iz prsluka
he bade the genie to carry the palace back
naredio je duhu da odnese palaču natrag
the Princess in her chamber only felt two little shocks
princeza je u svojoj odaji osjetila samo dva mala udara
in little time she was at home again

za malo vremena opet je bila kod kuće
The Sultan was sitting on his balcony
Sultan je sjedio na svom balkonu
he was mourning for his lost daughter
tugovao je za izgubljenom kćeri
he looked up and had to rub his eyes again
podignuo je pogled i ponovno morao protrljati oči
the palace stood there as it had before
palača je ondje stajala kao i prije
He hastened over to the palace to see his daughter
Požurio je u palaču da vidi svoju kćer
Aladdin received him in the hall of the palace
Aladin ga je primio u dvorani palače
and the princess was at his side
a princeza je bila uz njega
Aladdin told him what had happened
Aladin mu je rekao što se dogodilo
and he showed him the dead body of the magician
i on mu je pokazao mrtvo tijelo maga
so that the Sultan would believe him
kako bi mu sultan povjerovao
A ten days' feast was proclaimed
Proglašen je desetodnevni blagdan
and it seemed as if Aladdin might now live the rest of his life in peace
i činilo se kao da bi Aladin sada mogao proživjeti ostatak života u miru
but his life was not to be as peaceful as he had hoped
ali njegov život nije trebao biti tako miran kako se nadao
The African magician had a younger brother
Afrički mađioničar imao je mlađeg brata
he was maybe even more wicked and cunning than his brother
bio je možda čak i opakiji i lukaviji od svog brata
He travelled to Aladdin to avenge his brother's death
Otputovao je Aladinu da osveti bratovu smrt
he went to visit a pious woman called Fatima

otišao je posjetiti pobožnu ženu po imenu Fatima
he thought she might be of use to him
mislio je da bi mu mogla biti od koristi
He entered her cell and put a dagger to her breast
Ušao je u njezinu ćeliju i stavio joj bodež na grudi
then he told her to rise and do his bidding
zatim joj je rekao da ustane i izvrši njegove naredbe
and if she didn't he said he would kill her
a ako nije rekao je da će je ubiti
He changed his clothes with her
Presvukao se s njom
and he coloured his face like hers
a lice je obojio poput njezina
he put on her veil so that he looked just like her
stavio joj je veo tako da je izgledao baš poput nje
and finally he murdered her despite her compliance
i na kraju ju je ubio usprkos njezinoj popustljivosti
so that she could tell no tales
tako da nije mogla pričati priče
Then he went towards the palace of Aladdin
Zatim je otišao prema Aladinovoj palači
all the people thought he was the holy woman
svi su ljudi mislili da je on sveta žena
they gathered round him to kiss his hands
okupiše se oko njega da mu ljube ruke
and they begged for his blessing
i molili su za njegov blagoslov
When he got to the palace there was a great commotion around him
Kad je stigao u palaču, oko njega je nastala velika strka
the princess wanted to know what all the noise was about
princeza je htjela znati zbog čega je tolika buka
so she bade her servant to look out of the window
pa je naredila slugi da pogleda kroz prozor
and her servant asked what the noise was all about
a njezin je sluga upitao zbog čega je to buka
she found out it was the holy woman causing the commotion

saznala je da je sveta žena izazvala metež
she was curing people of their ailments by touching them
ona je dodirivanjem liječila ljude od njihovih bolesti
the Princess had long desired to see Fatima
princeza je dugo željela vidjeti Fatimu
so she got her servant to ask her into the palace
pa je natjerala svog slugu da je pozove u palaču
and the false Fatima accepted the offer into the palace
a lažna Fatima je prihvatila ponudu u palaču
the magician offered up a prayer for her health and prosperity
čarobnjak je ponudio molitvu za njezino zdravlje i napredak
the Princess made him sit by her
princeza ga je natjerala da sjedne kraj nje
and she begged him to stay with her
a ona ga je molila da ostane s njom
The false Fatima wished for nothing better
Lažna Fatima nije željela ništa bolje
and she consented to the princess' wish
te je pristala na princezinu želju
but he kept his veil down
ali je zadržao svoj veo
because he knew that he would be discovered otherwise
jer je znao da će ga inače otkriti
The Princess showed him the hall
Princeza mu je pokazala dvoranu
and she asked him what he thought of the hall
a ona ga upita što misli o dvorani
"It is a truly beautiful hall," said the false Fatima
"To je uistinu prekrasna dvorana", rekla je lažna Fatima
"but in my mind your palace still wants one thing"
"ali u mojim mislima tvoja palača još uvijek želi jednu stvar"
"And what is it that my palace is missing?" asked the Princess
"A što to mojoj palači nedostaje?" upita princeza
"If only a Roc's egg were hung up from the middle of this dome"

"Kad bi samo Rocovo jaje bilo obješeno na sredinu ove kupole"
"then your palace would be the wonder of the world," he said
"tada bi vaša palača bila svjetsko čudo", rekao je
After this the Princess could think of nothing but the Roc's egg
Nakon ovoga princeza nije mogla misliti ni na što drugo osim na Rokovo jaje
when Aladdin returned from hunting he found her in a very ill humour
kad se Aladin vratio iz lova zatekao ju je u vrlo lošem raspoloženju
He begged to know what was amiss
Molio je da zna što nije u redu
and she told him what had spoiled her pleasure
a ona mu ispriča što joj je pokvarilo zadovoljstvo
"I'm made miserable for the want of a Roc's egg"
"Jadan sam zbog nedostatka Rocovog jajeta"
"If that is all you want you shall soon be happy," replied Aladdin
"Ako je to sve što želiš, uskoro ćeš biti sretan", odgovorio je Aladin
he left her and rubbed the lamp
ostavio ju je i protrljao svjetiljku
when the genie appeared he commanded him to bring a Roc's egg
kad se duh pojavio, naredio mu je da donese Rocovo jaje
The genie gave such a loud and terrible shriek that the hall shook
Duh je ispustio tako glasan i užasan krik da se dvorana tresla
"Wretch!" he cried, "is it not enough that I have done everything for you?"
— Bijedniče! povikao je, "zar nije dovoljno što sam učinio sve za tebe?"
"but now you command me to bring my master"
"ali sada mi zapovijedaš da dovedem svog gospodara"
"and you want me to hang him up in the midst of this dome"

"i želiš da ga objesim usred ove kupole"
"You and your wife and your palace deserve to be burnt to ashes"
"Ti i tvoja žena i tvoja palača zaslužujete da budete spaljeni u pepeo"
"but this request does not come from you"
"ali ovaj zahtjev ne dolazi od tebe"
"the demand comes from the brother of the magician"
"zahtjev dolazi od brata mađioničara"
"the magician whom you have destroyed"
"mađioničar kojeg si uništio"
"He is now in your palace disguised as the holy woman"
"Sada je u tvojoj palači prerušen u svetu ženu"
"the real holy woman he has already murdered"
"pravu svetu ženu koju je već ubio"
"it was him who put that wish into your wife's head"
"on je utuvio tu želju u glavu tvoje žene"
"Take care of yourself, for he means to kill you"
"Čuvaj se, on misli da te ubije"
upon saying this, the genie disappeared
nakon što je to rekao, duh je nestao
Aladdin went back to the Princess
Aladin se vratio princezi
he told her that his head ached
rekao joj je da ga boli glava
so she requested the holy Fatima to be fetched
pa je zatražila da se donese sveta Fatima
she could lay her hands on his head
mogla je položiti ruke na njegovu glavu
and his headache would be cured by her powers
a njegovu bi glavobolju izliječile njezine moći
when the magician came near Aladdin seized his dagger
kada se mađioničar približio Aladin je zgrabio njegov bodež
and he pierced him in the heart
i probode ga u srce
"What have you done?" cried the Princess
"Što si učinio?" povikala je princeza

"You have killed the holy woman!"
"Ubili ste svetu ženu!"
"It is not so," replied Aladdin
"Nije tako", odgovori Aladin
"I have killed a wicked magician"
"Ubio sam opakog mađioničara"
and he told her of how she had been deceived
i ispričao joj je kako je bila prevarena
After this Aladdin and his wife lived in peace
Nakon toga Aladin i njegova žena živjeli su u miru
He succeeded the Sultan when he died
Naslijedio je sultana kada je ovaj umro
he reigned over the kingdom for many years
vladao je kraljevstvom mnogo godina
and he left behind him a long lineage of kings
a iza sebe je ostavio dugu lozu kraljeva

The End
Kraj

www.ingramcontent.com/pod-product-compliance
Lightning Source LLC
Chambersburg PA
CBHW012010090526
44590CB00026B/3962